BEI GRIN MACHT SICH IHR WISSEN BEZAHLT

- Wir veröffentlichen Ihre Hausarbeit, Bachelor- und Masterarbeit

- Ihr eigenes eBook und Buch - weltweit in allen wichtigen Shops

- Verdienen Sie an jedem Verkauf

Jetzt bei www.GRIN.com hochladen und kostenlos publizieren

Bibliografische Information der Deutschen Nationalbibliothek:

Die Deutsche Bibliothek verzeichnet diese Publikation in der Deutschen Nationalbibliografie; detaillierte bibliografische Daten sind im Internet über http://dnb.d-nb.de/ abrufbar.

Dieses Werk sowie alle darin enthaltenen einzelnen Beiträge und Abbildungen sind urheberrechtlich geschützt. Jede Verwertung, die nicht ausdrücklich vom Urheberrechtsschutz zugelassen ist, bedarf der vorherigen Zustimmung des Verlages. Das gilt insbesondere für Vervielfältigungen, Bearbeitungen, Übersetzungen, Mikroverfilmungen, Auswertungen durch Datenbanken und für die Einspeicherung und Verarbeitung in elektronische Systeme. Alle Rechte, auch die des auszugsweisen Nachdrucks, der fotomechanischen Wiedergabe (einschließlich Mikrokopie) sowie der Auswertung durch Datenbanken oder ähnliche Einrichtungen, vorbehalten.

Impressum:

Copyright © 2017 GRIN Verlag
Druck und Bindung: Books on Demand GmbH, Norderstedt Germany
ISBN: 9783346082572

Dieses Buch bei GRIN:

https://www.grin.com/document/509517

Jessica Nagel

Wie gelingt Existenzgründung in der IT-Dienstleistung? Konzeption einer Marktpositionierungsberatung

GRIN Verlag

GRIN - Your knowledge has value

Der GRIN Verlag publiziert seit 1998 wissenschaftliche Arbeiten von Studenten, Hochschullehrern und anderen Akademikern als eBook und gedrucktes Buch. Die Verlagswebsite www.grin.com ist die ideale Plattform zur Veröffentlichung von Hausarbeiten, Abschlussarbeiten, wissenschaftlichen Aufsätzen, Dissertationen und Fachbüchern.

Besuchen Sie uns im Internet:

http://www.grin.com/

http://www.facebook.com/grincom

http://www.twitter.com/grin_com

Assignment

Konzeptionierung einer Marktpositionierungsberatung

Verfasserin: Jessica Nagel

Studiengang: Master of Science - IT-Management
Modulbezeichnung: ITM60 - Existenzgründung und Marktpositionierung von IT-

I. Inhaltsverzeichnis

I.	Inhaltsverzeichnis	1
II.	Abbildungsverzeichnis	2
III.	Abkürzungsverzeichnis	2
1.	**Einleitung**	3
	1.1. Problemstellung	3
	1.2. Zielsetzung	4
	1.3. Aufbau der Arbeit	4
2.	**Theoretische Grundlagen**	6
	2.1. Phasen der Unternehmensgründung	6
	2.2. Marktsegmentierung und Marktpositionierung	7
3.	**Konzeptionierung einer Marktpositionierungsberatung**	9
	3.1. Analyse des Unternehmensumfelds und Marktsegmentierung in der Vorgründungsphase	9
	3.2. Marktpositionierung in der Gründungsphase	13
	3.3. Ausgestaltung des Marketing-Mix	15
4.	**Schlussbetrachtung**	16
IV.	Literaturverzeichnis	III

II. Abbildungsverzeichnis

Abbildung 1: Gründe für das Scheitern von Unternehmensgründungen 4

Abbildung 2: Phasen der Unternehmensgründung 6

Abbildung 3: Prozess der Marketingplanung 8

Abbildung 4: Kriterien zur Marktsegmentierung 13

Abbildung 5: Verteilung der SAP-Anfragen in Deutschland nach Postleitzahlen 15

III. Abkürzungsverzeichnis

AG	Aktiengesellschaft
BW	Business Warehouse
CRM	Customer Relationship Management
DSAG	Deutschsprachigen SAP-Anwendergruppe e. V.
ERP	Enterprise Ressource Planning
IT	Informationstechnologie
PAC	Pierre Audoin Consultants
SE	Societas Europaea (deutsch: Europäische Gesellschaft)
SNP	Schneider-Neureither & Partner

1. Einleitung

Im folgenden Kapitel wird zunächst die Problemstellung der vorliegenden Ausarbeitung erläutert, darauf aufbauend werden die Ziele sowie der Aufbau der Arbeit beschrieben.

1.1. Problemstellung

Existenzgründungen sind die Grundlage für wirtschaftliches Wachstum und haben für die Volkswirtschaft eine große Bedeutung. Die neuen Geschäftsmodelle modernisieren die Wirtschaftsstruktur, schaffen neue Arbeitsplätze und fördern die Wettbewerbs- und Innovationsfähigkeit in einer Sozialen Marktwirtschaft.[1] In Deutschland wird allerdings, laut Daten des Statistischen Bundesamtes, immer weniger gegründet und immer mehr gegründete Unternehmen werden wieder aufgegeben. In den letzten Jahren hat die Zahl der Neugründungen von Gewerben den tiefsten Stand seit 2002 erreicht.[2]

Die Gründe für das Scheitern von Unternehmen sind vielseitig. Im Jahr 2010 wurden von den Industrie- und Handelskammern rund 64.000 Gründungsberatungen durchgeführt, welche deutlich zeigen, dass viele Gründer schlecht vorbereitet in die Selbstständigkeit starten. Ein Auszug der Ergebnisse dieser Untersuchung ist in Abbildung 1 dargestellt.

---

[1] Vgl. Bundesministerium für Wirtschaft und Energie, *Existenzgründung - Motor für Wachstum und Wettbewerb*. http://www.bmwi.de/Redaktion/DE/Dossier/existenzgruendung.html (30 August 2017)
[2] Vgl. A. Grieß, *Gründer auf dem Rückzug*. https://de.statista.com/infografik/3356/neuerrichtungen-und-aufgabe-von-gewerben-in-deutschland/ (30 August 2017)

Abbildung 1: Gründe für das Scheitern von Unternehmensgründungen[3]

So haben sich beispielsweise über die Hälfte zu wenig Gedanken über Alleinstellungsmerkmale gemacht und ganze 45 Prozent der Gründer konnten nur unzureichend formulieren, wer die eigene Zielgruppe ist.[4]

Dies verdeutlicht, dass eine Geschäftsidee alleine nicht ausreicht, um ein Unternehmen erfolgreich zu gründen. Die richtige Vorbereitung für eine optimale Positionierung im Markt ist einer der wichtigen Punkte, die beachtet werden müssen damit ein Unternehmen langfristig erfolgreich ist und am Markt bestehen kann.

1.2. Zielsetzung

Ziel der vorliegenden Ausarbeitung ist es, eine Marktpositionierungsberatung für die pro IT GmbH, ein IT-Dienstleistungsunternehmen im SAP-Umfeld, durchzuführen. Hierfür soll zunächst eine Analyse des Unternehmensumfelds erfolgen, um das Unternehmen danach strategisch im Markt zu positionieren.

1.3. Aufbau der Arbeit

Nachdem im ersten Kapitel die Problemstellung sowie die Zielsetzung und der Aufbau der Ausarbeitung erläutert wurden, werden im zweiten Kapitel die theoretischen Grundlagen zu den Phasen der Unternehmensgründung sowie zur Marktsegmentierung und Marktpositionierung erarbeitet.

---

[3] Vgl. M. Brandt, *Gründerszene Quantifiziert!* https://www.gruenderszene.de/allgemein/quantifiziert-gruender-scheitern (30 August 2017)
[4] Vgl. ibid.

Darauf aufbauend wird im dritten Kapitel zunächst das fiktive IT-Unternehmen pro IT GmbH kurz vorgestellt. Dann wird für dieses Unternehmen eine Marktpositionierungsberatung durchgeführt. Hierfür wird zunächst in der Vorgründungsphase eine Analyse des Unternehmensumfelds erarbeitet. Aufbauend auf dieser Analyse wird der Markt in verschiedene Segmente aufgeteilt. In der Gründungsphase werden eines oder mehrere Segmente als Zielsegmente für das Unternehmen gewählt und das Unternehmen in diesen Segmenten positioniert. Ausgehend von dieser Positionierung wird die Marketingplanung erarbeitet.

Im vierten Kapitel werden die Ergebnisse der Ausarbeitung kurz zusammengefasst und kritisch betrachtet.

2. Theoretische Grundlagen

In diesem Kapitel werden die theoretischen Grundlagen erarbeitet, die zum Verständnis der vorliegenden Ausarbeitung notwendig sind. Dies sind die grundlegenden Phasen der Unternehmensgründung sowie zur Marktsegmentierung und -positionierung.

2.1. Phasen der Unternehmensgründung

Die Entstehung eines neuen Unternehmens erfolgt in mehreren Phasen. Idealtypisch sind diese die Vorgründungs-, Gründungs-, Frühentwicklungs- und Wachstumsphase, welche in Abbildung 2 dargestellt sind.[5]

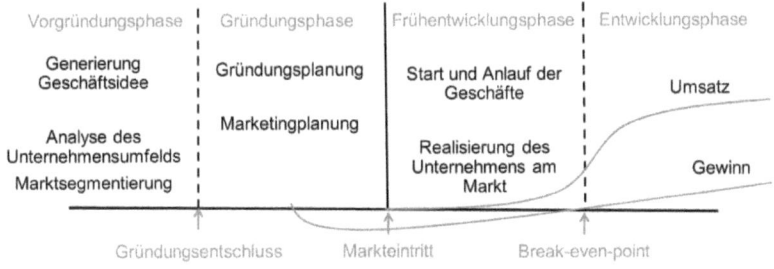

Abbildung 2: Phasen der Unternehmensgründung[6]

Diese Ausarbeitung konzentriert sich auf die Marktpositionierung des Unternehmens, als Ergebnis aus der Vorgründungs- und Gründungsphase. Im Folgenden werden diese beiden Phasen genauer erläutert.

Während der Vorgründungsphase sollte eine Geschäftsidee generiert und zu einem marktreifen Geschäftskonzept ausformuliert werden. Hierfür wird zunächst eine Analyse des Unternehmensumfelds durchgeführt. Diese Analyse, die eine Markt- und Branchenanalyse, eine Analyse der Konkurrenzfirmen sowie eine Analyse der

---

[5] Vgl. C. Zacharias, 'Gründungsmanagement als komplexe unternehmerische Aufgabe' in L. T. Koch and C. Zacharias (eds.), *Gründungsmanagement: Mit Aufgaben und Lösungen (Studien- und Übungsbücher der Wirtschafts- und Sozialwissenschaften)*, Studien- und Übungsbücher der Wirtschafts- und Sozialwissenschaften (München, Wien: Oldenbourg, 2001), pp. 37–48, at p. 38
[6] Eigene Darstellung in Anlehnung an H. Rüggeberg, *Marketing für Unternehmensgründer: Von der ersten Geschäftsidee zum Wachstumsunternehmen* (Wiesbaden: Springer Gabler Verlag, 2003), p. 12f und Zacharias, 'Gründungsmanagement als komplexe unternehmerische Aufgabe', p. 38

Kundenakzeptanz enthält, hilft eine Firma so zu präsentieren, dass diese die gewünschte Marktposition erreichen kann.[7]

Bei der Marktanalyse wird der Eintrittsmarkt analysiert und dessen Potential sowie Größe abgeschätzt. Nach dieser Marktanalyse folgen eine Branchenanalyse und eine Konkurrenzanalyse. Des Weiteren ist auch die Analyse der Kundenbedürfnisse und der Kundenakzeptanz des eigenen Angebots notwendig. Die Ergebnisse dieser Analysen fließen zum einen in die Segmentierung des Marktes in der Gründungsphase mit ein, um eine optimale Positionierung am Markt zu ermöglichen. Zum Anderen ermöglichen diese Informationen eine konkrete Formulierung des angestrebten Kundennutzens sowie der Wettbewerbsvorteile, um den Kern des Geschäftsmodells zu formulieren.[8]

Nachdem der Gründungsentschluss getroffen wurde, findet die Gründungsplanung und Gründung im eigentlichen Sinne statt. In der Gründungsphase werden die Erkenntnisse aus den vorangegangenen Analysen für die Ausarbeitung von konkreten Marketingzielen und einer Marketingplanung genutzt. In dieser Phase findet auch die Marktpositionierung des Unternehmens statt, es werden die Kundenzielgruppen und der Zeitpunkt für den Markteintritt bestimmt.[9]

2.2. Marktsegmentierung und Marktpositionierung

Für die Ausgestaltung einer konkreten Marketingplanung, muss zunächst der Zielmarkt des Unternehmens bestimmt werden. Da ein Markt nicht homogen ist, sondern sich aus einer Vielzahl von Konsumenten zusammensetzt, die durch unterschiedliche Bedürfnisse gekennzeichnet sind, kann ein Unternehmen nicht mit allen potenziellen Kunden in einem Unternehmen zusammenarbeiten. Für eine konsequente Ausrichtung des Unternehmens ist es wichtig, den Markt zu segmentieren und mithilfe bestimmter Merkmale in homogene Teilmärkte zu unterteilen, um diese separat zu bearbeiten. Das Hauptziel der Marktsegmentierung ist es, einen hohen Identitätsgrad zwischen dem angebotenen Leistungsprofil und den

---

[7] Vgl. Campus Verlag, *Onpulson Wirtschaftslexikon - Begriff: Marktposition.* http://www.onpulson.de/lexikon/marktposition/ (30 August 2017)
[8] Vgl. Rüggeberg, *Marketing für Unternehmensgründer*, p. 11ff
[9] Vgl. Zacharias, 'Gründungsmanagement als komplexe unternehmerische Aufgabe', p. 38f

Bedürfnissen der Zielgruppe zu erreichen, so kann innerhalb eines Segments ein einheitliches Marketing für alle Kunden durchgeführt werden.[10] Nach der Segmentierung des Markts in verschiedene Bereiche, werden die Zielmärkte des Unternehmens bestimmt und das Unternehmen in einem oder mehrerer dieser Segmente zielgerichtet eingeordnet. Durch die Einordnung der Mitbewerber in den gleichen Merkmalsraum können Rückschlüsse über die eigene Stellung am Markt und über Entwicklungspotenziale gewonnen werden.[11] In der Marketingplanung wird für jedes Zielsegment der Marketing-Mix aus Produktpolitik, Preispolitik, Distributionspolitik und Kommunikationspolitik entwickelt. Je nach Segment kann dann individuell mit differenzierten Leistungsangeboten auf den jeweiligen Markt, wie beispielsweise auf konkrete Kundenwünsche oder auf Produkte der Konkurrenz eingegangen werden. Der Prozess der Marketingplanung ist in Abbildung 3 dargestellt.[12]

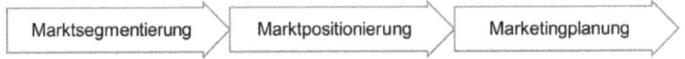

Abbildung 3: Prozess der Marketingplanung

Ziel der Marktpositionierung ist die Schaffung einer möglichst unverwechselbaren, erfolgsträchtigen Stellung beim Kunden im Verhältnis zum Wettbewerb. Grundlage für alle Tätigkeiten sind durch die Analyse des Unternehmensumfelds gewonnene Informationen über die Kunden, die Wettbewerber und die eigenen Möglichkeiten. Darauf basierend werden die Ziele und Strategien des Unternehmens entwickelt.[13]

---

[10] Vgl. H. Meffert, C. Burmann and M. Kirchgeorg, *Marketing: Grundlagen marktorientierter Unternehmensführung, Konzepte - Instrumente - Praxisbeispiele*, Meffert-Marketing-Edition, 10.th edn. (Wiesbaden: Gabler, 2007), p. 183
[11] Vgl. M. Kirchgeorg, *Positionierung.* http://wirtschaftslexikon.gabler.de/Archiv/14172/positionierung-v6.html (25 September 2017)
[12] Vgl. P. Kotler and K. L. Keller, *Marketing Management*, 15e (Harlow, Essex, England: Pearson, 2016), p. 241ff; vgl. M. Benkenstein, *Entscheidungsorientiertes Marketing: Eine Einführung*, Gabler-Lehrbuch (Wiesbaden: Gabler Verlag, 2001), p. 51
[13] Vgl. Rüggeberg, *Marketing für Unternehmensgründer*, p. 8ff

3. Konzeptionierung einer Marktpositionierungsberatung

Die pro IT GmbH ist ein fiktives, neu gegründetes Unternehmen im IT-Umfeld, welches Dienstleistungen SAP ERP-Umfeld anbieten möchte, dazu zählen der Vertrieb, die Beratung und der Support. Im Folgenden wird für die pro IT GmbH zunächst eine Analyse des Unternehmensumfelds durchgeführt. Anschließend wird der Markt segmentiert und eine Marktpositionierung für das Unternehmen entworfen.

3.1. Analyse des Unternehmensumfelds und Marktsegmentierung in der Vorgründungsphase

Markt- und Branchenanalyse

Die pro IT GmbH wurde mit der Geschäftsidee, Dienstleistungen für Unternehmen im SAP-Bereich anzubieten gegründet. Der Markt für die Erbringung von IT-Dienstleistungen befindet sich mitten in einem rasanten Wandlungs- und Transformationsprozess. Die Digitalisierung betrifft alle Kundenbranchen, dadurch gehört die IT zunehmend in den meisten Branchen zum Kerngeschäft. Dies bestätigt auch die Lünendonk-Studie 2015 „Der Markt für IT-Beratung und IT-Service in Deutschland".[14] Laut dieser Studie wird sich in Zukunft auch der Markt für IT-Dienstleistungen verändern, historisch gewachsene Eigenentwicklungen werden modernisiert und durch standardisierte Software abgelöst.[15] Somit nimmt auch der Markt um die Standardsoftware immer weiter zu. Die wohl bekannteste Standardsoftware für Enterprise Ressource Planning (ERP) ist die Software SAP ERP des Softwareanbieters SAP.[16] Die SAP SE, in Deutschland durch die SAP AG vertreten, ist globaler Marktführer in diesem Bereich und hat auf die zunehmende

---

[14] Vgl. M. Zillmann, 'Neue Rollenverteilung bei IT-Beratung und Services - Dienstleister stehen vor großen Veränderungen', Computerwoche, 30 September 2014; vgl. Lünendonk, *Lünendonk-Studie 2015: Der Markt für IT-Beratung und IT-Service in Deutschland - Spannungsfeld zwischen Effizienz, Modernisierung und digitaler Transformation.*
https://emea.nttdata.com/fileadmin/web_data/country/de/files/IT-Studie_2015_NTT_DATA__3_.pdf (25 September 2017)
[15] Vgl. J. Hild, *Markt für IT-Outsourcing bleibt auf Wachstumskurs.*
http://www.pwc.de/de/managementberatung/markt-fuer-it-outsourcing-bleibt-auf-wachstumskurs.html (18 September 2017); vgl. Lünendonk, *Lünendonk-Studie 2015: Der Markt für IT-Beratung und IT-Service in Deutschland - Spannungsfeld zwischen Effizienz, Modernisierung und digitaler Transformation*, p. 34
[16] Vgl. M. Siepermann, *Enterprise-Resource-Planning-System.*
http://wirtschaftslexikon.gabler.de/Archiv/17984/enterprise-resource-planning-system-v12.html (20 September 2017)

Digitalisierung mit einem neuen Release seiner ERP-Software, dem Produkt SAP S/4 HANA reagiert. Bei der Studie „S/4 HANA – Relevanz für SAP-Kunden, Erwartungen und Hindernisse" der SNP Schneider-Neureither & Partner AG (SNP) und der Unternehmensberatung Pierre Audoin Consultants (PAC) wurden 100 IT- und SAP-Verantwortliche aus deutschen Unternehmen mit mindestens 1000 Mitarbeitern befragt. Laut dieser Studie planen 40% der Unternehmen, die bereits SAP im Einsatz haben, Projekte im Umfeld S/4 HANA. Der Meinung, dass die Migration zu S/4 HANA in absehbarer Zeit zwingend notwendig ist und die Zukunftsfähigkeit ihrer Systeme sichert sind 62% der Unternehmen. Die Mehrzahl der Unternehmen gab außerdem an, dass sie hohen Bedarf für Beratung, Planung und Unterstützung bei der System-Migration durch externe Anbieter und Dienstleister benötigen. Außerdem sind die Mehrwerte von S/4 HANA vielen noch nicht ersichtlich.[17] Laut einer Studie der Deutschsprachigen SAP-Anwendergruppe e. V. (DSAG), bei der 344 deutschsprachige Unternehmen befragt wurden, befinden sich erst drei Prozent der Unternehmen derzeit im Projekt, 47% planen ein Projekt in ein bis fünf Jahren.[18] Deutlich erkennbare Potenziale im Markt liegen also zum einen in der strategischen Beratung der Unternehmen auf dem Weg in Richtung Digitalisierung und zum Upgrade der bestehenden Systemlandschaft auf S/4 HANA sowie die Unterstützung der Unternehmen bei der Durchführung. Da derzeit viele Projekte nur geplant und noch nicht gestartet wurden, liegt der Zeitpunkt der Gründung der pro IT GmbH passend. Im SAP Markt gibt es allerdings auch einige Markteintrittsbarrieren. Eine Voraussetzung für die erfolgreiche Beratung ist Expertise in den zugehörigen Prozessen, Fachthemen und SAP-Lösungen. Hierfür werden kompetente und spezialisierte Mitarbeiter mit einer hohen Expertise und Erfahrungen benötigt. Außerdem sollte das Unternehmen bereits Referenzen aufweisen können. Wichtig um im Markt bestehen zu können ist außerdem eine strategische Partnerschaft mit der SAP.

---

[17] Vgl. PAC, S/4 HANA - Relevanz für SAP-Kunden, Erwartungen und Hindernisse.
https://it.arvato.com/de/solutions/it-solutions/e-commerce/s-4-hana---relevanz-fuer-sap-kunden--erwartungen-und-hindernisse.html (Download), p. 5, 26. vgl. T. Fischer, 'S/4 HANA – sind die Unternehmen bereit für das SAP-Upgrade?', HEISE online

[18] SERKEM GmbH, 'Blog-Serie zu SAP HANA Teil 2 – Marktanalyse, Fiori und Kritikerstimmen', 16 August 2016

Konkurrenzanalyse

Die Konkurrenz im SAP Consulting Umfeld ist, wie der SAP-Markt selbst, ebenfalls sehr groß, es sind bereits mehr als 600 verschiedene Anbieter für SAP-Dienstleistungen in Deutschland gelistet.[19] Die verschiedenen Anbieter lassen sich grob in drei Bereiche gliedern, diese sind die „klassischen" Beratungshäuser, die Hardware-Hersteller sowie Software-Anbieter. Die "klassischen" Beratungshäuser bieten weder Hardware noch Software zum Verkauf an, sondern setzen allein auf Beratung. Die Hardware-Hersteller bieten die SAP-Beratung schwerpunktmäßig um ihre Hardware-Produkte herum an. Die SAP-Beratungsleistungen der Softwareanbieter konzentrieren sich vor allem auf das eigene Software-Portfolio und die Anbindung an SAP.[20] Durch die hohe Konkurrenz ist es besonders wichtig, einen Wettbewerbsvorteil zu schaffen. Dies kann durch Spezialisierung und Differenzierung erreicht werden.[21]

Analyse der Kundenakzeptanz

Das Problem der zunehmenden Standardisierung ist, dass Produkte und Dienstleister immer austauschbarer und funktional gleichwertiger sind. Für ein neu gegründetes Unternehmen, welches sich in dieser Branche bekannt machen will, zählt vor allem der vom Kunden wahrgenommene Nutzen als wichtigster Erfolgsfaktor.[22]

Im ERP-Umfeld ist es besonders wichtig frühzeitig zu erkennen, dass Geschäftsprozesse und IT zusammengehören und beides berücksichtigt werden muss.[23] Dies bestätigt auch die Lünendonk-Studie 2014 „Der Markt für IT-Beratung und IT-Service in Deutschland". Die Studie hat bestätigt, dass die Fachbereiche bei IT-Projekten immer mehr an Bedeutung zunehmen und IT-Projekte immer häufiger partnerschaftlich durch beide Bereiche geplant und umgesetzt werden. Diese

---

[19] Vgl. T. Biber, Liste SAP Dienstleister. https://www.biber-associates.de/knowledgebase/wp-content/uploads/Liste-SAP-Dienstleister-20082013-Biber-Associates1.pdf (07 October 2017)
[20] Vgl. K. Manhart, 'Überblick SAP-Beratungshäuser - Die Top Ten der SAP-Berater', 24 January 2012
[21] Vgl. M. Kirchgeorg, *Wettbewerbsstrategie*. http://wirtschaftslexikon.gabler.de/Archiv/10592/wettbewerbsstrategie-v11.html (19 September 2017)
[22] Vgl. V. Trommsdorff and M. Paulssen, 'Messung und Gestaltung der Markenpositionierung' in F.-R. Esch (ed.), *Moderne Markenführung: Grundlagen Innovative Ansätze Praktische Umsetzungen*, 3., erweiterte und aktualisierte Auflage (Wiesbaden, s.l.: Gabler Verlag, 2001)
[23] Vgl. Zillmann, 'Neue Rollenverteilung bei IT-Beratung und Services - Dienstleister stehen vor großen Veränderungen'; vgl. PAC, *S/4 HANA - Relevanz für SAP-Kunden, Erwartungen und Hindernisse*, p. 5

Entwicklung wird sich auch in den kommenden Jahren weiter fortsetzen. Dies hat zur Folge, dass die Fachbereiche auch immer mehr mitentscheiden, welche Dienstleister Projekte durchführen.[24] Um den vom Kunden wahrgenommenen Nutzen zu steigern, ist es also wichtig, nicht nur reine IT-Dienstleistungen anzubieten, sondern auch die Prozesse der Branchen zu kennen und Prozessanalysen und -optimierungen durchführen zu können.

Ein weiterer wichtiger Punkt für die Nutzenoptimierung ist es, einen Mehrwert für den Kunden zu erzielen. Im SAP-Umfeld existieren verschiedenste Beratungs- und Systemhäuser sowie Hardware-Anbieter oder Schulungsanbieter. Der Kunde verfügt also über viele Alternativanbieter. Im dem breiten Leistungsspektrum, das die IT anbietet, macht jedoch vor allem die Kombination mehrerer Leistungen Sinn. Hierzu zählt der Verkauf von passender Hardware, der Verkauf von Lizenzen sowie Dienstleistungen im kompletten IT-Lebenszyklus, wie die Planung und der Betrieb der IT-Landschaft. Ein weiterer wichtiger Punkt ist, wie bereits angesprochen, sich nicht rein auf die IT, sondern auch auf die Prozessoptimierung zu spezialisieren.

---

[24] Vgl. Lünendonk, *Lünendonk-Studie 2014: Der Markt für IT-Beratung und IT-Service in Deutschland.* http://luenendonk-shop.de/out/pictures/0/luenendonkstudie2014_dermarktfrit-beratungundit-serviceindeutschland_fl.pdf (20 September 2017), p. 6, 20

Marktsegmentierung

Da die pro IT GmbH nicht den kompletten Markt bedienen kann und dies auch nicht gewünscht ist, wird nun eine Segmentierung dieses Marktes ausgehend von der Markterfassung durch die vorangegangenen Analysen des Unternehmensumfelds durchgeführt. Je nachdem, ob die Kunden Privatpersonen oder Unternehmen sind, lassen sich Konsum- und Industriegütermärkte unterscheiden. Der Markt der Abnehmer von SAP-Dienstleistungen gehört zu den Industriegütermärkten, hier spielen vor allem die Merkmale wie geographischen Lage, Unternehmensgröße und Branche eine zentrale Rolle zur Segmentierung.[25] Die Kriterien zur Marktsegmentierung sowie jeweilige Ausprägungen sind in Abbildung 4 dargestellt.

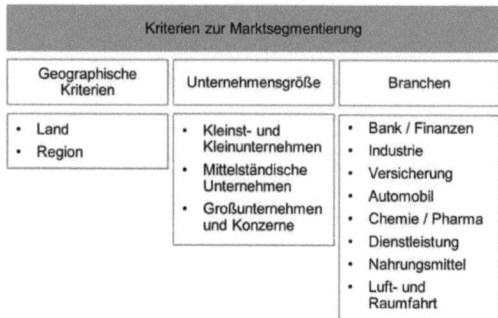

Abbildung 4: Kriterien zur Marktsegmentierung[26]

3.2. Marktpositionierung in der Gründungsphase

Nachdem im vorausgegangenen Kapitel der Markt für SAP-Dienstleistungen analysiert und segmentiert wurde, wird nun die pro IT GmbH in einem Marktsegment positioniert. Hierfür wird zunächst die Unternehmensgröße der Zielgruppe ausgewählt. Aufgrund der Digitalisierung wird immer mehr Standardsoftware vor allem im Mittelstand genutzt, somit bietet der Mittelstand viel Potenzial. Dieser ergibt sich daraus, dass der Mittelstand im Vergleich zu Großunternehmen viel Unterstützung bei der Einführung und Inbetriebnahme von SAP benötigt. Die Auslagerung an einen Dienstleister ist meist kostengünstiger und ressourcenschonender, da sich vor allem der Mittelstand

---

[25] Vgl. D. Recklies, *Warum Marktsegmentierung?* http://www.managementportal.de/pdf/Marktsegmentierung.PDF (23 September 2017)
[26] Vgl. ibid.

nicht erlauben kann, das eigentliche gewinnerzielende Geschäft der Firma während einer IT-Umstellung zu vernachlässigen und somit eventuell Geldeinbußen zu verzeichnen.[27] Außerdem erfordert der Mittelstand eine gesonderte Betrachtung im Vergleich zu Großunternehmen. Mittelständische Unternehmen erwarten IT-Lösungen, die an ihre Bedürfnisse angepasst sind. Eine reine Wiederverwendung von Lösungen für Großunternehmen wird nicht akzeptiert.[28] Aus diesem Grund beschäftigen sich vor allem große Beratungshäuser eher mit Konzernen als mit dem Mittelstand und sind deshalb keine direkte Konkurrenz. Die Konzerne kommen als Zielgruppe für die pro IT nicht in Frage, diese haben viel internes Know-How im Unternehmen und arbeiten meist schon seit vielen Jahren mit ihren Dienstleistern zusammen. Viele Großunternehmen haben auch eine Liste präferierter Unternehmen und arbeiten nur mit Unternehmen zusammen die auf dieser Liste gelistet sind, somit ist es gerade für neu gegründete Unternehmen schwierig diesen Markt zu erfassen.

Der IT-Projektmarkt in Deutschland ist nicht homogen, sondern durch erhebliche regionale Unterschiede gekennzeichnet. Laut einer Marktstudie der Firma GULP zeichnen sich diese Unterschiede vor allem, wie in Abbildung 5 zu sehen, im Vergleich zwischen Ost und West. Die Verteilung der Projektanfragen auf die verschiedenen Branchen ist ebenfalls nicht homogen. Laut der GULP-Studie ist die Bank- und Finanzbranche mit einem Anteil von fast 30 Prozent der Projektanfragen der Projektauftraggeber Nummer eins in Deutschland vor der Industrie mit 9,9 Prozent. Dies spiegelt sich auch darin wieder dass die Module für Finanzen und Controlling zu den am meisten nachgefragten SAP-Modulen gehören.[29]

---

[27] Vgl. o.A., '"Mit Standards können wir den Nutzen multiplizieren" - Wie SAP-Dienstleister den Mittelstand erobern', Computerwoche, 14 February 1992
[28] Vgl. A. Galdy, 'Der Markt hat seine eigenen Gesetze: IT im Mittelstand - die unbekannte Größe', CIO Magazin, 31 August 2017
[29] Vgl. o.A., *Marktstudie: SAP-Landkarte Deutschland - Branchen und Module: Was ist wo gefragt?* (10 October 2017)

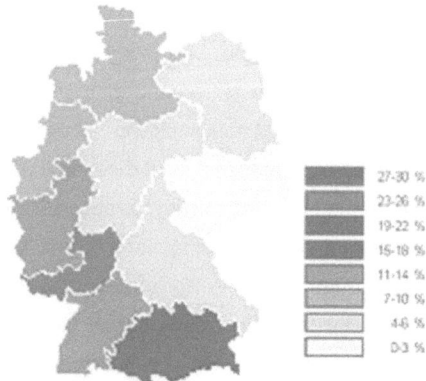

Abbildung 5: Verteilung der SAP-Anfragen in Deutschland nach Postleitzahlen[30]

Somit wird sich die pro IT GmbH in folgendem Marktsegment positionieren: mittelständische Unternehmen der Bank- und Finanzbranche in Westdeutschland.

3.3. Ausgestaltung des Marketing-Mix

Um sich von der Konkurrenz in diesem Marktsegment abzuheben werden zusätzlich zur Beratung bei der Prozessoptimierung und bei der Migration vom Altsystem auf S/4 HANA auch die passenden Lizenzen verkauft. Somit greifen die wichtigen Themen Unternehmensprozesse, Beratung, Migration und Lizenzen frühzeitig ineinander und der Kunde hat einen konkreten Ansprechpartner für alle Themen rund um SAP. Die pro IT bietet das Konzept „alles aus einer Hand aus Deutschland". Auch nach der erfolgreichen Migration wird der Kunde durch die laufende Beratung, das so genannte Application Management, weiterhin betreut. Der Kunde hat also einen strategischen Partner als umfassenden Dienstleister, wodurch sich die pro IT von der Konkurrenz abhebt und einen Wettbewerbsvorteil für den Kunden bringt. Für Schnittstellensoftware wie ein Business Warehouse (BW) oder ein Customer Relationship Management (CRM) und für weiterführende Dienstleistungen, wie den Verkauf passender Hardware oder das Hosting im Rechenzentrum, bietet die pro IT GmbH die Zusammenarbeit mit strategischen Partnern an.

---

[30] Ibid.

4. Schlussbetrachtung

In der vorliegenden Ausarbeitung wurde eine Marktpositionierungsberatung für das neu gegründete Unternehmen pro IT GmbH, welches in der SAP-Branche tätig ist, durchgeführt. Dafür wurde zunächst eine Analyse des Unternehmensumfelds inklusive einer Segmentierung des Markts durchgeführt. Im Anschluss wurde das Unternehmen in einem Marktsegment, also einer spezifischen Kundengruppe, positioniert. Durch die Konzentration auf mittelständische Unternehmen der Bank- und Finanzbranche in Westdeutschland kann sich die pro IT konsequent auf die Bedürfnisse dieser Branche ausrichten. Aufgrund der vorgegebenen Rahmenbedingungen für die Ausarbeitung wurden die Marktanalyse und die anschließende Positionierung nur sehr oberflächlich und konzeptionell durchgeführt. Vor allem die Analysen, auf denen die Positionierung aufbaut, müssten durch eine echte Firma wesentlich vertieft werden. Die Analyse des Unternehmensumfelds sollte nach Möglichkeit bereits vor der Firmengründung beginnen und nach der Gründung regelmäßig wiederholt werden um die eigene Firma mit Konkurrenzfirmen zu vergleichen und die aktuelle Position im Markt zu festigen beziehungsweise zu korrigieren.

Zusammenfassend ist eine Marktpositionierung wichtig, da ein Unternehmen nicht den gesamten Markt bedienen kann und sich ein Unternehmen dadurch auf ein spezifisches Marktsegment konzentrieren kann. Durch den zunehmenden Wettbewerb bekommt der Kunde die Möglichkeit aus verschiedenen Anbietern zu wählen. Deshalb ist es besonders in der Vorgründungs- und Gründungsphase wichtig, dass ein Unternehmen seine Zielgruppe und die Bedürfnisse des Marktes genau kennt und dass die Positionierung auf dem Markt für den Kunden ersichtlich ist. Durch die Positionierung können potentielle Kunden gewonnen werden und das Unternehmen hebt sich von der Konkurrenz ab. Allerdings ist eine Marktpositionierung alleine keine Garantie für eine erfolgreiche Gründung. Das Marketing hört nach der Gründungsphase nicht auf, sondern ist immer ein wichtiger Teil im Unternehmen, nach der Gründung muss ein optimaler Marketing-Mix aus Produktpolitik, Preispolitik, Distributionspolitik und Kommunikationspolitik erarbeitet werden. Neben einer richtigen Positionierung und einem guten Marketing sind in der SAP-Branche aber vor allem die Expertise der Berater sowie ein gutes Kundennetzwerk wichtig für den Aufbau eines erfolgreichen Unternehmens.

IV. Literaturverzeichnis

Benkenstein, M., *Entscheidungsorientiertes Marketing: Eine Einführung*, Gabler-Lehrbuch (Wiesbaden: Gabler Verlag, 2001).

Biber T., *Liste SAP Dienstleister*. https://www.biber-associates.de/knowledgebase/wp-content/uploads/Liste-SAP-Dienstleister-20082013-Biber-Associates1.pdf (07 October 2017).

Brandt M., *Gründerszene Quantifiziert!* https://www.gruenderszene.de/allgemein/quantifiziert-gruender-scheitern (30 August 2017).

Bundesministerium für Wirtschaft und Energie, *Existenzgründung - Motor für Wachstum und Wettbewerb*. http://www.bmwi.de/Redaktion/DE/Dossier/existenzgruendung.html (30 August 2017).

Campus Verlag, *Onpulson Wirtschaftslexikon - Begriff: Marktposition*. http://www.onpulson.de/lexikon/marktposition/ (30 August 2017).

Fischer, T., 'S/4 HANA – sind die Unternehmen bereit für das SAP-Upgrade?', HEISE online.

Galdy, A., 'Der Markt hat seine eigenen Gesetze: IT im Mittelstand - die unbekannte Größe', CIO Magazin, 31 August 2017.

Grieß A., *Gründer auf dem Rückzug*. https://de.statista.com/infografik/3356/neuerrichtungen-und-aufgabe-von-gewerben-in-deutschland/ (30 August 2017).

Hild J., *Markt für IT-Outsourcing bleibt auf Wachstumskurs*. http://www.pwc.de/de/managementberatung/markt-fuer-it-outsourcing-bleibt-auf-wachstumskurs.html (18 September 2017).

Kirchgeorg M., *Positionierung*. http://wirtschaftslexikon.gabler.de/Archiv/14172/positionierung-v6.html (25 September 2017).

Kirchgeorg M., *Wettbewerbsstrategie*. http://wirtschaftslexikon.gabler.de/Archiv/10592/wettbewerbsstrategie-v11.html (19 September 2017).

Kotler, P. and Keller, K. L., *Marketing Management*, 15e (Harlow, Essex, England: Pearson, 2016).

Lünendonk, *Lünendonk-Studie 2014: Der Markt für IT-Beratung und IT-Service in Deutschland*. http://luenendonk-shop.de/out/pictures/0/luenendonkstudie2014_dermarktfrit-beratungundit-serviceindeutschland_fl.pdf (20 September 2017).

Lünendonk, *Lünendonk-Studie 2015: Der Markt für IT-Beratung und IT-Service in Deutschland - Spannungsfeld zwischen Effizienz, Modernisierung und digitaler Transformation.* https://emea.nttdata.com/fileadmin/web_data/country/de/files/IT-Studie_2015_NTT_DATA__3_.pdf (25 September 2017).

Manhart, K., 'Überblick SAP-Beratungshäuser - Die Top Ten der SAP-Berater', 24 January 2012.

Meffert, H., Burmann, C. and Kirchgeorg, M., *Marketing: Grundlagen marktorientierter Unternehmensführung, Konzepte - Instrumente - Praxisbeispiele,* Meffert-Marketing-Edition, 10.th edn. (Wiesbaden: Gabler, 2007).

o.A., '"Mit Standards können wir den Nutzen multiplizieren" - Wie SAP-Dienstleister den Mittelstand erobern', Computerwoche, 14 February 1992.

o.A., *Marktstudie: SAP-Landkarte Deutschland - Branchen und Module: Was ist wo gefragt?* (10 October 2017).

PAC, *S/4 HANA - Relevanz für SAP-Kunden, Erwartungen und Hindernisse.* https://it.arvato.com/de/solutions/it-solutions/e-commerce/s-4-hana---relevanz-fuer-sap-kunden--erwartungen-und-hindernisse.html (Download).

Recklies D., *Warum Marktsegmentierung?* http://www.managementportal.de/pdf/Marktsegmentierung.PDF (23 September 2017).

Rüggeberg, H., *Marketing für Unternehmensgründer: Von der ersten Geschäftsidee zum Wachstumsunternehmen* (Wiesbaden: Springer Gabler Verlag, 2003).

SERKEM GmbH, 'Blog-Serie zu SAP HANA Teil 2 – Marktanalyse, Fiori und Kritikerstimmen', 16 August 2016.

Siepermann M., *Enterprise-Resource-Planning-System.* http://wirtschaftslexikon.gabler.de/Archiv/17984/enterprise-resource-planning-system-v12.html (20 September 2017).

Trommsdorff, V. and Paulssen, M., 'Messung und Gestaltung der Markenpositionierung' in F.-R. Esch (ed.), *Moderne Markenführung: Grundlagen Innovative Ansätze Praktische Umsetzungen,* 3., erweiterte und aktualisierte Auflage (Wiesbaden, s.l.: Gabler Verlag, 2001).

Zacharias, C., 'Gründungsmanagement als komplexe unternehmerische Aufgabe' in L. T. Koch and C. Zacharias (eds.), *Gründungsmanagement: Mit Aufgaben und Lösungen (Studien- und Übungsbücher der Wirtschafts- und Sozialwissenschaften),* Studien- und Übungsbücher der Wirtschafts- und Sozialwissenschaften (München, Wien: Oldenbourg, 2001), pp. 37–48.

Zillmann, M., 'Neue Rollenverteilung bei IT-Beratung und Services - Dienstleister stehen vor großen Veränderungen', Computerwoche, 30 September 2014.

BEI GRIN MACHT SICH IHR WISSEN BEZAHLT

- Wir veröffentlichen Ihre Hausarbeit, Bachelor- und Masterarbeit

- Ihr eigenes eBook und Buch - weltweit in allen wichtigen Shops

- Verdienen Sie an jedem Verkauf

Jetzt bei www.GRIN.com hochladen und kostenlos publizieren